사라져 간 공룡의 역사 · 놀라운 공룡의 세계

NEW 공룡대백과 ❷

NEW 공룡대백과(2)

2012년 5월 25일 초판 발행 / 2021년 2월 10일 7쇄 발행

펴낸곳 담터미디어 펴낸이 이용성 그림 박정욱 기획 구성 공조사
마케팅 박기원 전병준 박성종 관리 홍진호
교정·편집 전은경 김미애 디자인 wooozooo 등록 제1996-1호(1996.3.5)
주소 서울 중랑구 용마산로79길 35 전화 02)436-7101 팩스 02)438-2141
ISBN 978-89-8492-380-5 (74490) 978-89-8492-603-5(세트)
ⓒ 담터미디어 2012

* 이 책 속에 등장하는 공룡 캐릭터는 다양하고 세부적인 자료들에 근거하여 그려진 저작물입니다.
이 책의 저작권은 담터미디어에 있으므로 무단 전재와 복제를 금합니다.
* 각 공룡 캐릭터의 크기 비교 그림에서는 사람의 키를 2m로 가정하였으며
공룡의 크기는 키가 아니라 머리끝에서부터 꼬리 끝까지의 전체 몸길이임을 참조하시기 바랍니다.
(익룡이 경우는 날개를 펼친 길이를 기준으로 삼았습니다.)
* 책값은 뒷표지에 있습니다.

사라져 간 공룡의 역사 · 놀라운 공룡의 세계

NEW 공룡대백과 ❷

그림 박정욱
기획과 구성 공조사

담터미디어

공룡 최고!!

인류 역사상 과학적으로 밝혀진 바에 따르면 공룡보다 큰 생물체는 없었다고 합니다. 현재까지 발견된 공룡 가운데 가장 큰 종류는 '지진용'이라는 별명을 얻을 만큼 커다란 사이스모사우루스라고 해요. 걸어다닐 때 지진이 일어난 것처럼 땅이 울렸을 것이라고 상상되어 붙여진 이름이랍니다. 최대 52m에 이르렀을 것이라고 추정하고 있어요. 그야말로 '거대하다'는 표현이 절로나죠.

'파충류의 것으로 보이는 이빨'이라고 판명된 최초의 공룡 화석이 발견된 것은 1822년이었어요. 하지만 아무도 공룡의 존재 따위는 상상하지 않았으며 이구아나의 이빨과 닮았다는 점에 착안하여 연구하기 시작한 것이죠. 그 결과 '파충류의 것으로 보이지만 육식의 것은 아니다'는 결론을 내었대요. 당시에 알려진 파충류는 모두 육식이었는데 말이죠. 그러고 보면 '공룡의 발견' 이전에 '초식 파충류의 출현'이라는 것만으로도 관심을 모을 수 있었을 거예요. 그 이후 발굴 1878년, 벨기에의 벨니사르라는 탄광의 갱 안에서 이구아노돈의 완전한 골격이 발굴되어 복원되었답니다.

이렇게 시작된 공룡에 대한 연구는 우리나라도 빠질 수 없죠. 지구본을 돌려 보면 우리나라 땅덩어리는 아주 작은 토막에 불과합니다. 그것도 둘로 나뉘어 있지만 발견된 화석만으로 본다면 우리나라는 중생대 백악기 공룡의 낙원이라는 말에 손색이 없답니다.

공룡, 익룡, 새발자국 화석이 동일 지층에서 발견된 것은 세계 최초이고 익룡의 발 크기, 발자국 수, 보행렬 등은 세계 최대이며 물갈퀴 새발자국은 세계에서 가장 오래되었다고 해요. 얼마 전에는 익룡의 이빨로 보이는 화석을 발굴했는데 아마도 가장 큰 종류의 익룡 이빨로 추정된다고 합니다.

더욱 흥미로운 것은 경상남도 무주골에서 발견된 발자국 화석인데요, 무리지은 80개의 발자국 가운데 세 개는 육식 공룡의 발자국이고 나머지는 초식 공룡의 발자국이라고 하는데 이것은 아마도 한가롭게 먹이를 먹고 있던 초식 공룡 무리를 육식 공룡이 공격하는 바람에 놀라서 도망치는 상황이 아니었을까 싶어요.

그럼 더욱 신기하고 흥미로운 공룡의 세계로 직접 탐험을 떠나 볼까요?

공룡의 시대

공룡이 출현했던 중생대는 지금까지 진화한 동물의 중간 시대(middle animals), 또는 파충류의 시대를 의미해요. 고생대에 비하면 중생대에는 곳곳에 사막이 생길 정도로 건조했다고 해요. 하지만 파충류는 딱딱한 알껍질에서 부화되어 허파로 호흡할 수 있었던 덕분에 건조한 기후에서도 잘 살아갈 수 있었답니다.

트라이아스기(삼첩기) 2억 4,800만 년~2억 800만 년 전

삼첩기에는 건조기후 지역이 상당히 있었음에도 하천에는 악어형 동물인 피토사우루스류가, 바다에는 유영성 파충류가 출현했어요. 전기에는 양서류(특히 미치류)의 절정기였으며 점차 포유류형 파충류가 사라져가는 대신 후기에 들어서 공룡이 출현하기 시작했답니다.

원시 아코서라는 파충류에 이어 캥거루를 닮은 초식 공룡 플라테오사우루스(2족 보행)가 등장하고 또 육식 공룡인 실로파이시스가 등장해 작은 동물들을 잡아먹었어요. 이 동물들은 당시 지구의 대륙이 거의 붙어 있었기 때문에 전세계로 널리 퍼질 수 있었어요.

쥐라기 2억 800만 년~1억 4,400만 년 전

쥐라기에는 공룡류가 본격적으로 등장·활동하기 시작했어요. 더욱 거대해지고 특수화되었으며 하늘과 바다에 각각 익룡류, 조류, 거북류, 어룡류, 기룡류 등이 특수화되었어요. 트라이아스기보다 훨씬 습한 기후로 소택지가 풍부한 덕분에 현존하는 곤충류의 대부분이 이때 발달했다고 할 수 있어요. 또 소형의 원시포유류도 쥐라기에 출현했답니다.

쥐라기에 용각류가 번성한 이유는 침엽수의 키가 높아졌기 때문이에요. 나무 위의 어린 싹을 따먹기 위해서는 키도 커야 했으며 목을 점점 더 길게 늘려가지 않으면 안 되있던 거예요.

백악기 1억 4,400만 년~6,500만 년 전

백악기는 공룡의 전성기이지만 공룡이 멸종되고 중생대가 끝나는 시기이기도 해요. 오늘날보다도 훨씬 따뜻하고 습한 기후가 계속되다가 후기에 들어 갑자기 추워지면서 땅이 얼기 시작했고 6,500만 년 전 어느 날 갑자기 수많은 종류의 생명체와 함께 공룡들도 사라졌어요.

우리나라에서 발견되는 공룡화석은 대부분 백악기의 퇴적층(경상누층군)에서 발견되는 공룡의 발자국과 뼈조각의 일부들이에요. 용각류, 조각류, 수각류 같은 초식 공룡이 많은 것으로 추정되는데 국토 면적에 비해 발굴되는 빈도는 단연 세계 최고랍니다.

백악기가 되어서는 용각류나 검룡류의 세력이 약해지는 반면 각룡류, 곡룡류, 조각류 등이 번창했어요. 키작은 나무나 그늘에서 자라나는 식물을 먹고 사는 데 적합한 자세를 갖춘 조반목 공룡이 번창한 것이에요. 백악기에는 다양한 공룡들이 전성기를 누렸다고 할 수 있답니다.

| 차 례 |

머리말 / 공룡 최고!! 4

공룡의 시대 6

왜 공룡이라고 부를까요? 12

가루디미무스 Garudimimus 14
고르고사우루스 Gorgosaurus 16
고요케팔레 Goyocephale 18
기간토랍토르 Gigantoraptor 20
나노티라누스 Nanotyrannus 22
네오베나토르 Neovenator 24
노아사우루스 Noasaurus 26
노토사우루스 Notosaurus 28
노트로니쿠스 Nothronychus 30
데스마토수쿠스 Desmatosuchus 32
드로마에오사우루스 Dromaeosaurus 34
드리오사우루스 Dryosaurus 36
디모르포돈 Dimorphodon 38
딜롱 Dilong 40
라리오사우루스 Lariosaurus 42

라엘리나사우라 Leaellynasaura 44
레바키사우루스 Rebbachisaurus 46
레소토사우루스 Lesothosaurus 48
롱기스쿠아마 Longisquama 50
리리엔스터누스 Liliensternus 52
리오플레우로돈 Liopleurodon 54

어룡과 수장룡은 어떻게 다를까요? 56

리코리누스 Lycorhinus 60
마라수쿠스 Marasuchus 62
메이올라니아 Meiolania 64
메트리아칸토사우루스 Metriacanthosaurus 66
메트리오린쿠스 Metriorhynchus 68
멜라노로사우루스 Melanorosaurus 70
무타부라사우루스 Muttaburrasaurus 72
미크로케라투스 Microceratus 74
민미 Minmi 76
바가케라톱스 Bagaceratops 78

바라파사우루스 Barapasaurus	80	
밤비랍토르 Bambiraptor	82	
브라킬로포사우루스 Brachylophosaurus	84	
사우로르니토이데스 Saurornithoides	86	
세레시오사우루스 Ceresiosaurus	88	
소르데스 Sordes	90	
수코미무스 Suchomimus	92	
시노르니토사우루스 Sinornithosaurus	94	
시노사우롭테릭스 Sinosauropteryx	96	
시아모티라누스 Siamotyrannus	98	
시아오사우루스 Xiaosaurus	100	
아누로그나투스 Anurognathus	102	
아파토사우루스 Apatosaurus	104	
아프로베나토르 Afrovenator	106	
안항구에라 Anhanguera	108	
알라모사우루스 Alamosaurus	110	
알라샤사우루스 Alxasaurus	112	
알렉트로사우루스 Alectrosaurus	114	
알리오라무스 Alioramus	116	

알베르토사우루스 Albertosaurus	118
에를리코사우루스 Erlikosaurus	120
에리트로수쿠스 Erythrosuchus	122
에우헬로푸스 Euhelopus	124
우넨라기아 Unenlagia	126
우에르호사우루스 Wuerhosaurus	128
유디모르포돈 Eudimorphodon	130

하늘을 누비는 익룡 132

이리타토르 Irritator	136
친사키앙고사우루스 Chinshakiangosaurus	138
카르노타우루스 Carnotaurus	140
카르카로돈토사우루스 Carcharodontosaurus	142
케티오사우루스 Cetiosaurus	144
크리오린쿠스 Criorhynchus	146
크립토클리두스 Cryptoclidus	148
클리다스테스 Clidastes	150
타르보사우루스 Tarbosaurus	152

테레스트리수쿠스 Terrestrisuchus	154
템노돈토사우루스 Temnodontosaurus	156
파레이아사우루스 Pareiasaurus	158
파키리노사우루스 Pachyrhinosaurus	160
파키플레우로사우루스 Pachypleurosaurus	162
파파사우루스 Pawpawsaurus	164
프로케라토사우루스 Proceratosaurus	166
프로토수쿠스 Protosuchus	168
프테로다우스트로 Pterodaustro	170
프테로닥틸루스 Pterodactylus	172
플로토사우루스 Plotosaurus	174
피스토사우루스 Pistosaurus	176
헤레라사우루스 Herrerasaurus	178
호말로케팔레 Homalocephale	180
호바사우루스 Hovasaurus	182
힐라에오사우루스 Hylaeosaurus	184
힐로노무스 Hylonomus	186
힙소그나투스 Hypsognathus	188

공룡은 어떻게 사라졌을까?	190
공룡박물관으로 GoGo~!!	194
찾아보기	199

★차례의 영문 이름 색깔은 식성을 나타내고 있습니다.

● 색 이름은 육식   ● 색 이름은 초식
● 색 이름은 물고기 ● 색 이름은 곤충이나 잡식

(단, 물고기와 곤충을 모두 먹거나 물고기를 포함한
바다생물을 먹는 육식 등 조금씩 닮거나 포함하는 식성이 있음.)

왜 공룡이라고 부를까요?

공룡(Dinosur)이라는 단어는, 1841년 영국의 고생물학자 오웬이 처음 사용했으며, '무서운'이란 뜻의 'deinos'와 '도마뱀'이란 뜻의 'sauros'의 합성어예요. 공룡은 약 2억 3천만 년 전에 지구상에 나타나 1억 6천만 년 동안 살았으며 이 시기는 중생대 트라이아스기부터 백악기까지를 말해요. 이때 지구의 육상을 지배했던 파충류가 우리가 궁금해 하고 있는 공룡이랍니다.

처음 등장한 공룡들의 크기는 현재의 동물들과 비슷했지만 쥐라기로 넘어가면서 생존을 위해 공룡들의 몸집 크기는 점점 커지게 되었어요. 풍부한 먹이가 있었기 때문에 가능한 일이었을 거예요.

초식 공룡들은 거대한 몸집 또는 갑옷 같은 등껍질과 커다란 뿔을 가진 모습으로 진화하여 육식 공룡으로부터 몸을 보호했어요. 초식 공룡들의 진화에 맞서 육식 공룡들도 몸집이 점점 커지고 무시무시한 이빨과 날카로운 발톱을 가진 모습으로 초식 공룡들을 위협하게 되었답니다.

예전의 지구는 '초대륙'이라 불리는 하나의 땅덩어리로 이루어져 있었어요. 지금처럼 대륙이 분리되어 있지 않아서 공룡들은 자유로이 돌아다니며 번식할 수 있었지요. 습한 기후로 인한 풍부한 먹이와 넓은 서식지는 공룡들이 살아가기에 적합했어요.

그러나 트라이아스기에서 쥐라기, 백악기로 넘어가면서 대륙이 분리되기 시작했어요. 백악기에 이르러서는 현재의 대륙의 모습과 비슷한 형태가 되었죠. 대륙이 분리되면서 대륙별 특성을 지닌 공룡들이 등장하게 되었답니다.

초대륙 : 판게아라고도 해요. 현재의 대륙이 고생대 말기까지는 하나로 뭉쳐 거대한 단일 대륙을 이루었던 것으로 상징하여 부른 이름이에요. Pan은 범, gaia는 대지라는 뜻으로 '지구 전체'라는 의미의 그리스어에서 유래된 것입니다.

Garudimimus
가루디미무스

학명의 뜻 가루다(garuda)를 닮은 공룡 | 서식연대 백악기 후기
발굴지 아시아 | 식성 육식 | 몸길이 3~4m

가루디미무스는 **초기의 타조 공룡**이에요.
'가루다'는 인도 신화에 나오는 새라고 해요.
끝이 둥근 부리에 큰 눈을 가졌지요. 이 공룡은
짧은 골반뼈, 정강이뼈와 발목뼈를 가지고 있어서
타조 공룡 무리에 비해 달리기가 느렸을 거예요.
또한 **네 개의 발가락**을 가진 것도 다른 점이에요.

Gorgosaurus
고르고사우루스

학명의 뜻 사나운 도마뱀 | 서식연대 백악기 후기
발굴지 캐나다, 미국 | 식성 육식 | 몸길이 8~9m

고르고사우루스는 큰 머리에 **날카로운 이빨들**을 가지고 있어요. 티라노사우루스처럼 두 개의 발가락을 가진 작은 앞발과 튼튼하게 발달된 뒷다리도 가졌지요. 몸집이 크지만 긴 꼬리로 균형을 잡으며 꽤 빨리 달릴 수 있었을 거예요. 이들의 **골격은 20구가 넘게 발견**되어서 매우 잘 알려져 있어요.

Goyocephale
고요케팔레

학명의 뜻 장식된 머리 | 서식연대 백악기 후기
발굴지 몽골 | 식성 초식 | 몸길이 2m

두꺼운 두개골을 가진 고요케팔레는 몽골에서 발견되었어요. 고요케팔레는 **단단한 머리로 힘겨루기를 해요.** 다른 공룡들보다 머리뼈가 두껍지만, 같은 박치기 공룡들 중에서는 얇은 편이래요. 머리도 돔 형태가 아니고 편평하답니다.

Gigantoraptor
기간토랍토르

학명의 뜻 거대한 약탈자 | 서식연대 백악기 후기
발굴지 몽골 | 식성 알려지지 않음 | 몸길이 8~10m

커다란 닭 같기도 한 기간토랍토르는
털 달린 공룡이에요. 털 달린 공룡은 대개
몸집이 작지만 이 공룡은 몸집이 매우 커요.
뒷다리가 길고 튼튼해서 잘 달릴 수 있어요.
이들의 식성은 잘 알 수가 없대요.
긴 목은 초식 공룡의 특징이지만, 초식 공룡에게서는
거의 볼 수 없는 20cm나 되는 긴 발톱을 가졌답니다.

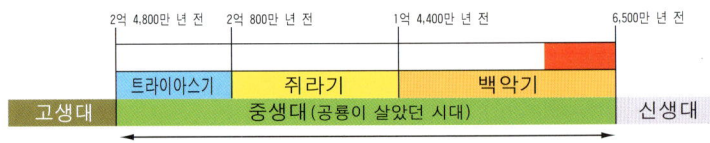

Nanotyrannus
나노티라누스

학명의 뜻 난쟁이 폭군 | 서식연대 백악기 후기
발굴지 미국 | 식성 육식 | 몸길이 5m

이 공룡은 **티라노사우루스과 중에서 가장 작아요.** 그래서 이름도 '난쟁이 폭군'이란 뜻을 가졌어요. 완전한 골격이 발견되기 전에는 티라노사우루스의 새끼로 생각했대요. 몸집이 작은 대신 **움직임이 날렵했을** 거예요.

Neovenator
네오베나토르

학명의 뜻 새로운 사냥꾼 | 서식연대 백악기 전기
발굴지 영국 | 식성 육식 | 몸길이 7~8m

비공이 아주 큰 네오베나토르는
옆모습이 바다오리와 아주 닮았어요.
이 공룡은 특이하게도 조류와 수각류의 특징을 모두 가졌어요. 몸체가 날씬하고 몸집에 비해 몸무게가 가벼워 빠르게 달릴 수 있지요. 먹이를 발견하면 날쌔게 달려가
날카로운 발톱으로 사냥을 했답니다.

Noasaurus
노아사우루스

학명의 뜻 북서 아르헨티나의 도마뱀 | 서식연대 백악기 후기
발굴지 아르헨티나 | 식성 육식 | 몸길이 2m

아르헨티나에서 발견된 노아사우루스는 2족 보행의 육식 공룡이에요. 예전에는 노아사우루스가 뒷발에 낫 모양의 발톱을 가졌다고 생각했어요. 그러나 최근에 와서 학자들은 낫 모양의 발톱이 앞발의 첫 번째나 두 번째 발톱일 것이라고 추측해요.

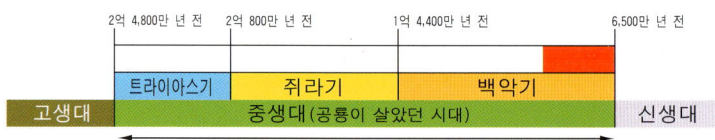

Notosaurus
노토사우루스

학명의 뜻 가짜 도마뱀 | 서식연대 트라이아스기
발굴지 유럽, 아시아, 아프리카 | 식성 육식 | 몸길이 1~3m

악어처럼 물과 육지를 오가며 생활한 특이한 공룡이에요. 육지에서 생활하다 바다로 돌아갔대요. **긴 발가락에는 물갈퀴가 있어** 헤엄을 잘 칠 수 있었어요. 물속을 헤엄치고 다니며 길고 넓적한 턱에 난 수십 개의 이빨로 물고기를 낚아챘답니다.

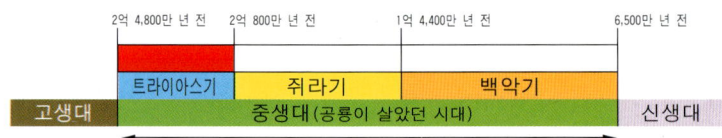

Nothronychus
노트로니쿠스

학명의 뜻 나무늘보 같은 발톱 | 서식연대 백악기 중기
발굴지 미국 | 식성 초식 | 몸길이 4.5~6m

노트로니쿠스는 **수각류이면서 초식을 하는** 특이한 공룡이에요. 긴 목과 앞다리에 비해 뒷다리가 짧아요. 앞발에는 긴 발톱이 나 있어요. **몸통은 배가 나온 것처럼 불룩하지요.** 초식을 해서 소화를 위해 장이 길기 때문이에요.
노트로니쿠스는 아메리카에서 발견된 최초의 테리지노사우루스 류랍니다.

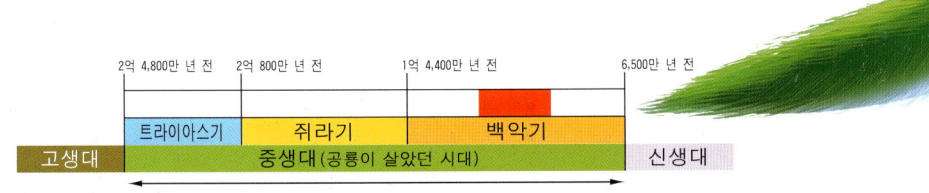

Desmatosuchus
데스마토수쿠스

학명의 뜻 연결된 악어 | 서식연대 트라이아스기 후기
발굴지 북아메리카 | 식성 초식 | 몸길이 5m

데스마토수쿠스는 **두 줄로 솟은 뿔과 어깨의 큰뿔**로 잘 알려진 원시파충류예요.
등의 골판이나 뿔들은 적으로부터 몸을 보호해 주지요.
덩치도 큰 편이라서 포식자들도 함부로 덤비지 못했어요.
악어처럼 생긴 모습으로 **도마뱀처럼 걸어다녔어요.**

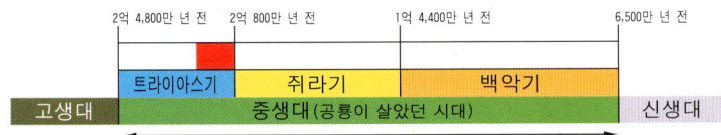

Dromaeosaurus
드로마에오사우루스

학명의 뜻 달리는 도마뱀 | 서식연대 백악기 후기
발굴지 캐나다, 미국 | 식성 육식 | 몸길이 1.5~2m

낫과 같은 발톱을 가진 이 공룡은 몸집은 작지만 **힘이 세고 달리기가 매우 빨라서** 사냥을 아주 잘했어요. 머리는 짧고 튼튼하며 턱에 크고 강한 이빨들이 많이 나 있는 것이 특징이에요.
크기가 비슷한 벨로시랩터와는 두개골의 모양으로 구분돼요. 뼈 화석이 거의 발견되지 않아서 복원에 많은 어려움이 있었어요.

Dryosaurus
드리오사우루스

학명의 뜻 오크 도마뱀 | 서식연대 쥐라기 후기
발굴지 아프리카, 미국, 유럽 | 식성 초식 | 몸길이 2.4~4.3m

드리오사우루스는 어금니가 오크 나무(떡갈나무) 잎사귀처럼 생겨서 '오크 도마뱀'이란 뜻의 이름을 갖게 되었어요. 어금니는 있지만 주둥이에는 이빨이 없어요. 앞다리는 짧고 뒷다리가 가늘고 긴 편이지요. 앞발가락은 5개, 뒷발가락은 3개예요. **길고 빳빳한 꼬리**가 균형을 잡아준답니다.

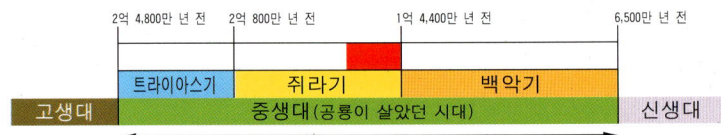

Dimorphodon
디모르포돈

학명의 뜻 두 가지 모양의 이빨 | 서식연대 쥐라기 전기
발굴지 유럽 | 식성 물고기, 곤충 | 몸길이 80~100cm

꼬리가 길고 꼬리 끝에는 수직 날개가 달려 있어요. 다른 익룡들보다 머리가 큰 것이 특징이며 뭉툭한 주둥이에는 날카로운 이빨들이 나 있어요. 이름의 뜻처럼 **두 종류의 이빨**을 가졌는데 앞쪽에는 크고 날카로운 이가, 안쪽에는 작은 이빨이 나 있지요. 앞발가락이 잘 발달되어 있어서 무언가를 집을 때 매우 유용하답니다.

Dilong
딜롱

학명의 뜻 황제공룡 | 서식연대 백악기 초기
발굴지 중국 | 식성 육식 | 몸길이 1.5m

딜롱은 가장 초기의 티라노사우루스 류예요.
이들은 특이하게도 깃털을 가지고 있어요.
그러나 오늘날의 새처럼 날기 위한 용도가 아니라
체온 유지를 위해 사용된 것으로 보여요.
새끼 때 있던 깃털은 자라면서 빠졌을 것으로 추측해요.

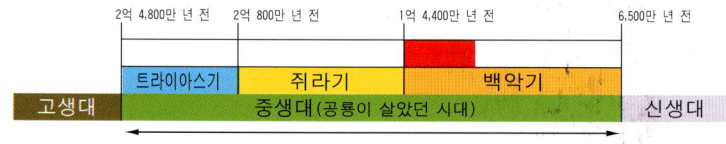

Lariosaurus
라리오사우루스

학명의 뜻 라리오의 도마뱀 | 서식연대 트라이아스기 중기
발굴지 유럽 | 식성 물고기 | 몸길이 60cm

라리오사우루스는 수장룡 중에서 몸집이 작은 편으로 **목이 짧고 발이 작은 것이 특징**이에요. 뒷발에 있는 물갈퀴도 작아서 빠르게 헤엄치지 못했답니다. 몸의 구조로 보아 물과 육지를 오가며 생활했던 것 같아요.

Leaellynasaura
라엘리나사우라

학명의 뜻 라엘린의 도마뱀 | 서식연대 백악기 전기
발굴지 호주 | 식성 초식 | 몸길이 2~3m

눈구멍이 유난히 커서 **시력이 아주 좋았을 것으로 추측**해요. 겨울잠을 자는 동물들의 뼈는 나무에 생기는 것과 비슷하게 나이테가 있다고 해요. 그런데 이 공룡에게는 나이테가 발견되지 않아서 **겨울잠을 자지 않고 겨울에도 활발히 활동**했던 것으로 생각돼요. 두개골과 팔다리 조각 같은 것만 발견되어서 알려진 것이 많지 않아요.

Rebbachisaurus
레바키사우루스

학명의 뜻 레바키의 도마뱀 | **서식연대** 백악기 전기
발굴지 아프리카, 남아메리카 | **식성** 초식 | **몸길이** 20m

4족 보행의 대형 초식 공룡인 레바키 사우루스는 오늘날의 아프리카와 남아메리카에 주로 살았어요. **몸무게가 10톤**이나 된다고 하니 매우 거대하죠? **목에서부터 가시 모양의 긴 돌기**가 나 있는데, 아마르가사우루스의 것과 비슷한 돛 모양일 것이라고 추측해요.

레소토사우루스
Lesothosaurus

학명의 뜻 레소토의 도마뱀 | 서식연대 쥐라기 전기
발굴지 남아프리카(레소토) | 식성 초식 | 몸길이 1m

몸집이 아주 작은 이 공룡은 **뼛속이 비어 있고 뒷다리가 길고 튼튼해서 달리기가 매우 빨랐어요.** 앞다리는 짧고 발가락이 5개이며, 뒷다리는 발가락이 4개예요.
뾰족한 이빨로 억센 식물도 잘 먹을 수 있어요.
눈이 커서 시력도 아주 좋았대요.

Longisquama
롱기스쿠아마

학명의 뜻 긴 비늘 | 서식연대 트라이아스기 후기
발굴지 아시아 | 식성 곤충 | 몸길이 10~15cm

작은 몸을 가진 이 파충류는 **등에 긴 비늘**이
달려 있어요. 조그만 입에는 작은 이빨들이 나 있어서
작은 곤충들을 잡아먹었어요.
한 개의 화석만 발견된 롱기스쿠아마는
긴 비늘로 인해 큰 관심을 받았어요. 비늘은
체온조절에 사용되거나 짝짓기 때 과시용이었을 거예요.

Liliensternus
리리엔스터누스

학명의 뜻 '리리엔스턴'의 이름에서 유래됨
서식연대 트라이아스기 후기 | **발굴지** 유럽 | **식성** 육식 | **몸길이** 6m

육식 공룡의 특징인 긴 다리를 가진 리리엔스터누스는 **머리 위에 2개의 볏**이 있어요.
날씬한 체형은 딜로포사우루스와 코엘로피시스를 닮았어요. 1934년 **독일에서 불완전한 골격이 발견**되어 세상에 알려지게 되었답니다.

Liopleurodon
리오플레우로돈

학명의 뜻 옆면이 부드러운 이빨 | 서식연대 쥐라기 후기
발굴지 유럽 | 식성 육식 | 몸길이 12~25m

해양 파충류 중 가장 힘이 세요.
머리가 크고 목은 짧아요. 기다란 턱에 난 바늘처럼 뾰족하고 튼튼한 이빨은
바다 생물들을 모두 두려움에 떨게 했어요.
후각과 시각이 발달하였고 헤엄이 빨라서 한번 본 먹이는
절대 놓치지 않았대요. 최고의 포식자라 할 수
있겠죠!

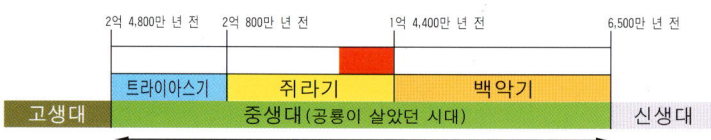

어룡과 수장룡은 어떻게 다를까요?

어룡과 수장룡은 같은 바다파충류로 혼동하기 쉬워요. 그러나 이들은 다른 종으로 확실히 구분할 수 있어요. 생김새와 특징이 다르기 때문이에요. 어룡은 파충류가 물고기를 닮은 형태로 진화한 것이에요. 이들은 수장룡과 달리 머리와 몸이 목으로 분리되지 않아요. 머리 부분이 짧고 주둥이가 긴 것이 특징이에요.

어룡은 눈동자가 얇은 뼈로 둘러싸여 있으며, 눈이 크고 시각이 매우 발달했어요. 길쭉한 주둥이는 돌고래를 닮았으며, 길고 뾰족한 이빨로 물고기를 잡아먹었지요. 또한 어룡은 다른 바다 파충류와 같이 알을 낳지 않고 새끼를 낳았대요. 이는 홀츠마덴에서 발견된 새끼를 반쯤 낳다 죽은 어룡 화석을 통해 알게 되었어요.

어룡의 등지느러미는 마치 상어의 것과 같아 보여요. 또한 꼬리지느러미에는 고래와 달리 꼬리뼈가 있어서 지느러미가 수직으로 세워져 있어요. 헤엄칠 때 이 꼬리지느러미를 좌우로 움직였을 거예요.

수장룡은 플레시오사우루스 류와 플리오사우루스 류로 나뉘어요.
　플리오사우루스 류는 플레시오사우루스 류에서 진화한 형태예요. 목이 짧고 머리가 크며 날카로운 이빨을 가지고 있어요. 반면에 플레시오사우루스 류는 목이 아주 길어요. 마치 공룡 중 사우로포드 류를 떠올리게 해요. 그러나 공룡과는 관련이 없어요.

　플리오사우루스는 목이 짧지만 머리가 굉장히 커요. 사나운 바다의 포식자 크로노사우루스가 잘 알려져 있어요.

　학자들은 바다 거북의 생태를 바탕으로 짐작하여 수장룡이 육지로 올라와 알을 낳았을 것이라고 생각했어요. 그러나 최근에는 이들의 골격 형태를 미루어 보아 새끼를 낳았을 거라고 추측해요. 수장룡의 조상으로 짐작되는 태아를 품은 파충류 화석이 발견되어 이를 뒷받침해 주고 있어요.

Lycorhinus
리코리누스

학명의 뜻 늑대 주둥이 | 서식연대 쥐라기 전기
발굴지 남아프리카 | 식성 초식 | 몸길이 1m

리코리누스의 턱에는 커다란 송곳니와 작은 이빨이나 있어요. **커다란 송곳니를 가졌지만 식물을 먹은 초식 공룡**이에요.
크기가 1m로 작은 편이어서인지 발견된 이후 약 40년간은 포유류로 잘못 알려져 있었대요.

Marasuchus
마라수쿠스

학명의 뜻 마라 악어 | **서식연대** 트라이아스기 중기
발굴지 남아메리카(아르헨티나) | **식성** 잡식 | **몸길이** 1.3m

공룡과 비슷하게 보이는 마라수쿠스는 파충류예요.
날렵한 몸으로 빠르게 움직일 수 있었고
곤충이나 작은 파충류 등을 먹었어요.
긴 뒷다리에 비해 앞다리는 짧은 편으로
뒷다리 길이의 절반 정도랍니다.

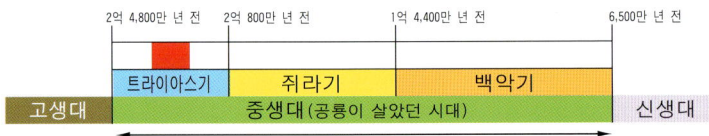

	2억 4,800만 년 전	2억 800만 년 전	1억 4,400만 년 전	6,500만 년 전
고생대	트라이아스기	쥐라기	백악기	신생대
	중생대 (공룡이 살았던 시대)			

메이올라니아
Meiolania

학명의 뜻 큰 거북 | 서식연대 중생대~빙하기
발굴지 오스트레일리아 | 식성 초식 | 몸길이 2.5m

메이올라니아는 **육지 거북들 중에서 가장 몸집이 컸어요.** 머리에는 두 개의 커다란 뿔이 나 있어서 적들의 공격을 막을 수 있어요.
그러나 뿔 때문에 오늘날의 거북처럼 등껍질 속으로 머리를 집어넣을 수는 없었을 거예요.
꼬리에도 뿔처럼 **돌기들이 덮여 있어요.**
이들은 공룡이 모두 멸종한 이후인 빙하기 후기까지 지구에서 살았답니다.

Metriacanthosaurus
메트리아칸토사우루스

학명의 뜻 적절한 등뼈 도마뱀 | 서식연대 쥐라기 후기
발굴지 영국 | 식성 육식 | 몸길이 8m

몸무게가 3톤이나 되는 메트리아칸토사우루스는 **단단한 근육을 가진 강한 공룡**이에요. 등뼈가 솟아 있어서 등이 볼록하게 튀어나와 있어요. 머리는 조금 긴 편이에요. 메트리아칸토사우루스는 이전에는 메갈로사우루스의 일종으로 생각되었대요.

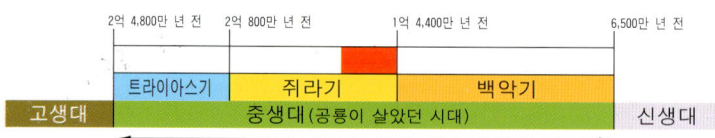

Metriorhynchus
메트리오린쿠스

학명의 뜻 적당한 주둥이 | 서식연대 쥐라기 중기~후기
발굴지 유럽, 남아메리카 | 식성 육식 | 몸길이 3m

메트리오린쿠스는 해양 악어류예요. **몸통은 유선형이고 다리는 지느러미**로 바뀌어 수중 생활에 적합했어요. 대부분 물속에서 생활하였는데 알을 낳을 때와 같이 특별한 때에만 육지로 올라왔어요. 지느러미 발 때문에 육지에서는 이동하기가 힘들었어요. **움직임은 마치 거북과 비슷**했을 거예요. 몸 표면은 대체로 매끈하답니다.

Melanorosaurus
멜라노로사우루스

학명의 뜻 검은 산의 도마뱀 | 서식연대 트라이아스기 후기
발굴지 남아프리카 | 식성 초식 | 몸길이 10~15m

현재 알려진 원시용각류 중에서 가장 커요.
긴 목에 작은 머리, 긴 꼬리를 가졌어요.
몸집이 아주 크기 때문에 다리도 거대하지요.
다리가 튼튼해서 뒷다리만으로 서는
것이 가능했지만 평소에는 네 발로 걸어 다녔어요.
몸무게가 10톤이나 된다고 해요.

Muttaburrasaurus
무타부라사우루스

학명의 뜻 무타부라의 도마뱀 | 서식연대 백악기 전기~중기
발굴지 호주 | 식성 초식 | 몸길이 7~9m

매부리코 속에는 비어 있는 공간이 있어서
독특한 소리를 낼 수 있는데, 이 **독특한 소리로
동료들과 의사소통**을 했어요.
뒷다리에 비해 앞다리가 짧으며, 대체로 네 발로
생활하지만 두 발로도 다닐 수 있어요.
큰 덩치만큼 먹이를 많이 먹었대요.

Microceratus
미크로케라투스

학명의 뜻 작은 뿔을 가진 얼굴 | **서식연대** 백악기 후기
발굴지 중국 | **식성** 초식 | **몸길이** 60~80cm

이 공룡은 전에 미크로케라톱스라 불리다 이름이 바뀌었어요. **가장 작은 뿔 공룡**으로 목덜미에 작은 프릴을 가지고 있답니다. 몸집이 작기 때문에 다른 뿔 공룡에 비해 **행동이 민첩해요.** 정강이뼈가 길어서 두 발로도 달릴 수 있어요.

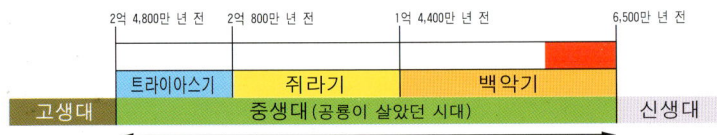

Minmi
민미

학명의 뜻 발굴지 부근의 교차점에서 유래 | 서식연대 백악기 초기
발굴지 호주 | 식성 초식 | 몸길이 2~3m

거북 같은 머리에 부리 모양의 입을 가진 민미는 행동이 느린 초식 공룡이에요. 대신 온몸이 단단한 갑옷으로 덮여 있고 꼬리 쪽에는 삼각형 모양의 골침이 솟아 있어요. 민미는 특이하게도 **배 부분까지 단단한 껍질**로 되어 있답니다. 다른 갑옷 공룡들에게는 없는 민미만의 특징이에요.

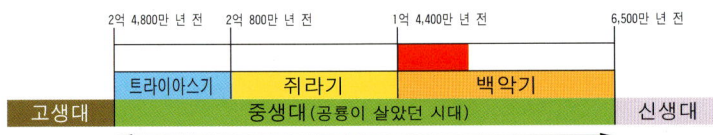

Bagaceratops
바가케라톱스

학명의 뜻 작은 뿔 달린 얼굴 | 서식연대 백악기 후기
발굴지 몽골 | 식성 초식 | 몸길이 1m

'바가'는 작다는 뜻의 몽골어예요. 바가케라톱스는 이름처럼 몸집이 작은 초식 공룡이지요. **코와 양 볼에 작은 뿔**이 나 있고, 새의 부리처럼 생긴 주둥이와 어금니로 식물을 뜯어먹고 살았어요. 두개골 뒤쪽에 작은 프릴이 있어요. 이 공룡은 **둥지에서 새끼들과 함께 발견**되었다고 해요.

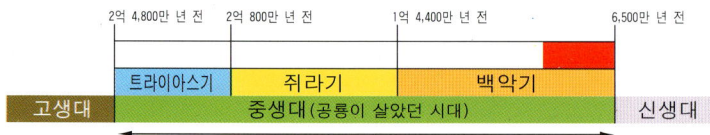

Barapasaurus
바라파사우루스

학명의 뜻 큰 다리 도마뱀 | 서식연대 트라이아스기 후기~쥐라기 전기
발굴지 인도 | 식성 초식 | 몸길이 15~18m

거대한 몸집의 이 공룡은 지금까지 알려진
가장 오래된 용각류예요.
긴 목과 긴 꼬리에 짧은 다리를 가진 것이 특징이랍니다.
머리 화석은 발견되지 않았지만 이빨 화석이
발견되었어요. **숟가락 모양의 끝이
톱니 같은 이빨**로 식물을 뜯어먹었을 거예요.

Bambiraptor
밤비랍토르

학명의 뜻 밤비 약탈자 | 서식연대 백악기 후기
발굴지 미국(몬태나) | 식성 육식 | 몸길이 1m

밤비랍토르는 새와 가장 많이 닮은 공룡이에요.
몸체의 크기에 비해 상대적으로 큰 뇌를 가진 걸 보면
다른 공룡들보다 똑똑했을 거예요. 이름은 동화에 나오는
아기 사슴 밤비의 이름을 딴 것이에요.
귀여운 이름을 가졌지만, 실제로는 날카로운 낫 모양
발톱을 휘두르는 날쌔고 사나운 육식 공룡이랍니다.

브라킬로포사우루스
Brachylophosaurus

학명의 뜻 짧은 볏 도마뱀 | 서식연대 백악기 후기
발굴지 미국(몬태나), 캐나다(앨버타) | 식성 초식 | 몸길이 8.5m

오리 같은 주둥이를 가진 공룡이에요. 머리 꼭대기에는 골격으로 이루어진 평평한 판 모양의 볏이 있어요. 유난히 긴 앞다리를 가졌는데 평소에는 네 발로 걷다가 급한 상황이 되면 뒷다리로만 서서 달렸다고 해요. 발견된 화석 중에는 피부 조직이 보존된 것도 있다고 해요.

2억 4,800만 년 전	2억 800만 년 전	1억 4,400만 년 전	6,500만 년 전
트라이아스기	쥐라기	백악기	
고생대	중생대(공룡이 살았던 시대)		신생대

사우로르니토이데스
Saurornithoides

학명의 뜻 새와 같은 도마뱀 | 서식연대 백악기 후기
발굴지 몽골 | 식성 육식 | 몸길이 2~3.5 m

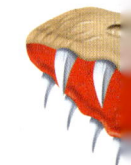

똑똑한 공룡 무리인 트로오돈 류예요. **작은 머리에 긴 목, 긴 꼬리와 다리**를 가지고 있어서 타조 공룡인 오르니토미무스 류와 외형이 비슷해요. 튼튼한 뒷다리로 빠르게 달리며 날카로운 갈고리 발톱을 이용해 먹이를 사냥했답니다. **3차원으로 볼 수 있는 눈과 큰 뇌**가 특징이에요.

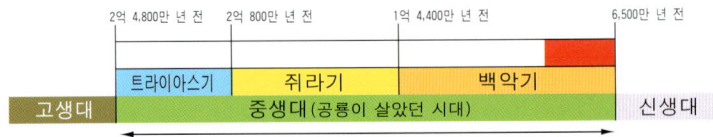

Ceresiosaurus
세레시오사우루스

학명의 뜻 세레시오 도마뱀 | **서식연대** 트라이아스기
발굴지 유럽 | **식성** 물고기 | **몸길이** 4m

세레시오사우루스의 발은 지느러미처럼 생겼어요. **뒷발은 헤엄을 칠 때 방향을 잡는** 역할을 했어요. 헤엄을 칠 때는 긴 몸과 꼬리를 이용하지요.

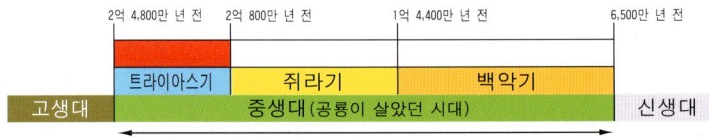

Sordes
소르데스

학명의 뜻 털로 덮인 악마 | 서식연대 쥐라기 후기
발굴지 카자흐스탄 | 식성 곤충 | 몸길이 50cm

소르데스는 **몸이 털로 덮여 있어요.**
부드러운 퇴적물에 의해 화석이 되어서 피부와 털의 흔적까지도 발견되었어요. 소르데스가 발견되면서 익룡에게 털이 있다는 사실이 처음으로 알려졌어요.
털은 체온을 유지시키는 역할을 했답니다.

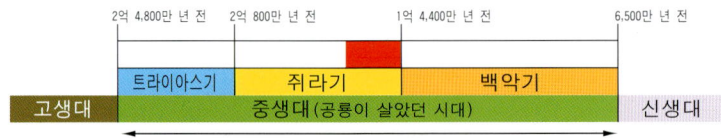

Suchomimus
수코미무스

학명의 뜻 악어 모방자 | 서식연대 백악기 전기
발굴지 아프리카 | 식성 육식 | 몸길이 11m

악어를 닮은 이 공룡은 중생대 아프리카에 살았어요. **몸길이가 11m이고 앞발톱도 30cm나** 되는 거대한 육식 공룡이에요. 그렇지만 아프리카에는 다른 무시무시한 공룡들이 많아서 **주로 물고기를 먹고 살았대요.**

시노르니토사우루스
Sinornithosaurus

학명의 뜻 지나 새 도마뱀 | 서식연대 백악기 전기
발굴지 중국 | 식성 육식 | 몸길이 1.2~2m

몸 전체가 깃털로 덮인 시노르니토사우루스는 새와 많이 닮았어요. 이 공룡은 **독이 있던 것으로 생각**돼요. 머리뼈에서 독샘이 있었을 것으로 보이는 이빨 부리와 연결된 공간이 발견되었거든요. 꼬리는 힘줄로 고정된 막대기처럼 생겼다고 해요.

시노사우롭테릭스
Sinosauropteryx

학명의 뜻 중국 도마뱀새 | 서식연대 백악기 전기
발굴지 중국 | 식성 육식 | 몸길이 1~1.2m

모피 코트 같은 깃털을 가진
시노사우롭테릭스는 기다란 줄무늬 꼬리를 가졌어요.
몸집은 작지만 발이 아주 빨라서 주로 곤충이나
작은 도마뱀 같은 것들을 잡아먹었답니다.
중국 랴오닝 성의 호수 퇴적물 층에서 발견된
화석을 통해 깃털이 오렌지 색깔이었을 거라고
추정한답니다.

Siamotyrannus
시아모티라누스

학명의 뜻 시암(태국)의 폭군 | **서식연대** 백악기 전기
발굴지 태국 | **식성** 육식 | **몸길이** 6~7 m

티라노사우루스과의 초기 공룡이에요. 몸집은 중간 크기지만 구부러진 날카로운 이빨로 **자기보다 큰 공룡도 잡아먹었어요.** 이 공룡이 티라노사우루스가 진화하는 중간단계일 것이라고 추측하기도 해요. 그렇다면 북아메리카의 대표적인 공룡인 티라노사우루스의 기원이 아시아가 되는 거예요.

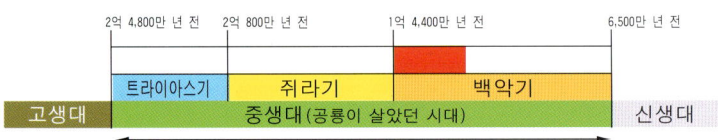

Xiaosaurus
시아오사우루스

학명의 뜻 작은 도마뱀 | 서식연대 쥐라기 중기
발굴지 중국 사천성 | 식성 초식 | 몸길이 1m

시아오사우루스의 '시아오'는 중국어로 '작다[小]'는 뜻이에요. 이 공룡은 **짧지만 튼튼한 다리**를 가졌어요. 튼튼한 뒷다리로 걸어 다니며 맛있는 잎사귀나 식물을 뜯어먹었지요. 몸길이가 1m밖에 되지 않기 때문에 높은 곳의 잎은 먹을 수 없었어요.

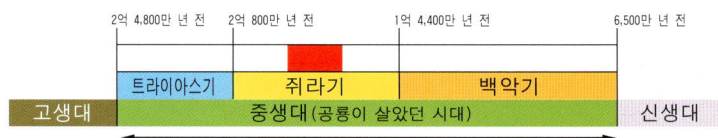

Anurognathus
아누로그나투스

명의 뜻 꼬리와 턱이 없는 | 서식연대 쥐라기 후기
발굴지 유럽(영국, 독일) | 식성 잡식 | 몸길이 50cm

아누로그나투스는 날개에 비해 몸집이 아주 작아 악어새처럼 **거대한 초식 공룡들 등에 붙어서 생활**했대요. 2cm밖에 되지 않는 작은 부리에는 바늘처럼 가늘고 뾰족한 이빨이 가득 나 있었어요. 이 작은 부리로 초식 공룡의 몸에 있는 기생충이나 벌레를 잡아먹었을 거예요.

Apatosaurus
아파토사우루스

학명의 뜻 속이는 도마뱀 | 서식연대 쥐라기
발굴지 북아메리카 | 식성 초식 | 몸길이 21~23m

거대한 몸집의 이 공룡은 한때 무거운 몸 때문에 물속에서 살았을 거라고 생각되기도 했어요. 몸집에 비해 머리가 아주 작아, **뇌가 사과 크기**밖에 되지 않는대요. 어금니가 없어서 식물을 씹을 수가 없어요. 대신 **위석을 삼켜서** 소화를 도왔답니다.

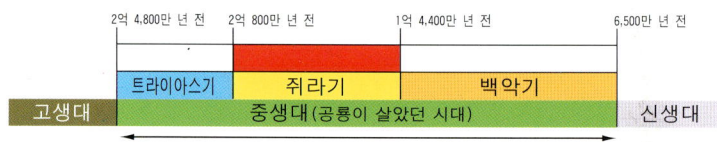

| 2억 4,800만 년 전 | 2억 800만 년 전 | 1억 4,400만 년 전 | 6,500만 년 전 |

| 고생대 | 트라이아스기 | 쥐라기 | 백악기 | 신생대 |

중생대(공룡이 살았던 시대)

Afrovenator
아프로베나토르

학명의 뜻 아프리카의 사냥꾼 | 서식연대 백악기 전기
발굴지 니제르 | 식성 육식 | 몸길이 8~9m

아프리카의 알로사우루스인 아프로베나토르는
5cm 길이의 칼날 같은 이빨이 60개나
나 있는 무서운 포식자예요.
몸집에 비해 움직임이 가볍고 빨랐어요.
1994년 용각류인 어린 조바리아의 갈비뼈 화석에서
아프로베나토르의 이빨 자국이 발견되었어요.
이를 통해 이 공룡이 **용각류를 잡아먹었다는**
것을 알게 됐어요.

Anhanguera
안항구에라

학명의 뜻 옛날 악마 | 서식연대 백악기 후기
발굴지 남아메리카 | 식성 육식 | 몸길이 4~5m

브라질에서 발견된 안항구에라는 **화석이 발견된 마을의 이름을 딴 것**이래요.
부리 앞 위쪽에 둥그런 볏이 있는 특이한 외모를 가졌어요. 이 볏은 몸의 균형을 잡는 데 쓰였을 거예요.
이들은 물가의 절벽 같은 곳에서 살며 물고기를 잡아먹고 살았어요.

알라모사우루스
Alamosaurus

학명의 뜻 알라모의 도마뱀 | 서식연대 백악기 후기
발굴지 북아메리카 | 식성 초식 | 몸길이 21m

알라모사우루스는 **다른 공룡들이 모두 멸종한 이후까지 생존한 공룡**이에요.
'알라모'란 뉴멕시코에 있는 지명이랍니다.
화석은 일부 골격들만이 발견되었어요.
채찍처럼 생긴 꼬리가 특징이에요.

알라샤사우루스
Alxasaurus

학명의 뜻 알샤의 도마뱀 | 서식연대 백악기 전기
발굴지 몽골 | 식성 초식 | 몸길이 4m

알라샤사우루스는 모습이 매우 특이한 공룡이에요. 큰 앞발에는 긴 발톱이 있고 두 발로 걸었으며, 부리에는 이빨이 없고 턱쪽에만 작은 이빨들이 있어서 초식 공룡으로 생각돼요. 이 공룡의 화석은 거의 완전한 형태로 발견되었대요.

알렉트로사우루스
Alectrosaurus

학명의 뜻 독신의 도마뱀 | 서식연대 백악기 후기
발굴지 몽골(고비사막) | 식성 육식 | 몸길이 5m

알렉트로사우루스는 티라노사우루스를 작게 축소해 놓은 것 같은 모습이에요. 크기가 작은 것을 빼고는 거의 흡사해요. 다른 특징은 뒷다리가 가늘고 날씬하다는 점이에요. 짧은 팔에 있는 두 개의 앞발톱과 날카로운 이빨로 사냥을 했어요.

Alioramus
알리오라무스

학명의 뜻 특별한 다리 | 서식연대 백악기 후기
발굴지 몽골 | 식성 육식 | 몸길이 6m

다른 티라노사우루스 류에 비해 긴 주둥이를 가진 알리오라무스는 **주둥이 위에 5개의 작은 뿔 모양 돌기**가 있는 것이 특징이에요. **주둥이가 길어서 턱은 약한 편**이에요. 학자들은 알리오라무스가 티라노사우루스로 진화하는 중간 단계일 것이라고 말해요.

Albertosaurus
알베르토사우루스

학명의 뜻 알버타의 도마뱀 | 서식연대 백악기 후기
발굴지 캐나다, 미국 | 식성 육식 | 몸길이 7~9m

알베르토사우루스는 **티라노사우루스와 친척 관계**예요. 이 공룡은 몸집이 조금 작은 편이기 때문에 행동이 민첩했어요. 또한 다리가 길고 날씬해서 **약 50km의 속도로 매우 빠르게 달렸어요.** 무리지어 사냥했기 때문에 자기보다 훨씬 큰 덩치의 공룡도 공격하는 강력한 포식자였답니다.

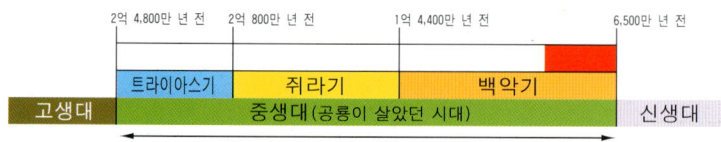

Erlikosaurus
에를리코사우루스

학명의 뜻 에릭 신의 도마뱀 | 서식연대 백악기 후기
발굴지 몽골 | 식성 초식 | 몸길이 5m

에를리코사우루스는 **수각류임에도 초식을 하는 매우 독특한 공룡**이에요.
긴 부리에는 이빨이 없는데, 부리 뒤쪽에 초식 공룡의 이빨과 같은 나뭇잎 모양의 이빨이 나 있어요. 이것으로 이들이 초식을 했다는 것을 알 수 있어요.
목이 길고 긴 앞발톱이 있는 것이 특징이에요.

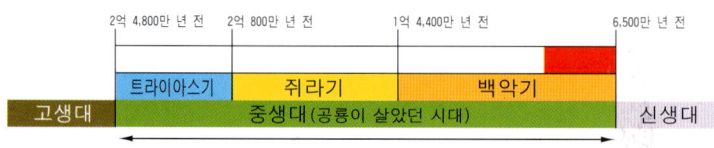

Erythrosuchus
에리트로수쿠스

학명의 뜻 붉은 악어 | 서식연대 트라이아스기 전기
발굴지 남아프리카 | 식성 육식 | 몸길이 5m

에리트로수쿠스는 트라이아스기 전기에 육지에서 살던 가장 큰 육식 동물 중의 하나예요. 머리 크기가 무려 1m나 되었으며 크고 튼튼한 턱에 난 이빨은 매우 날카로워요. 이 날카로운 이빨로 파충류와 초식 동물들을 잡아먹었어요. 다리가 몸통 아래에 붙어 있어서 편하게 걸을 수 있답니다.

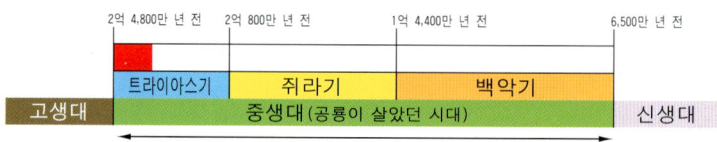

Euhelopus
에우헬로푸스

학명의 뜻 진짜 헬로푸스(늪지의 발) | 서식연대 쥐라기 후기
발굴지 중국 | 식성 초식 | 몸길이 10~15m

목이 아주 긴 이 공룡은 **콧구멍이 이마 쪽에**
나 있어요. 숟가락처럼 생긴 튼튼한 이빨로
질기고 단단한 식물도 잘 먹었어요.
긴 목의 척추 뼈는 무려 17개 이상이래요.
카마라사우루스와 비슷하게 생겼답니다.

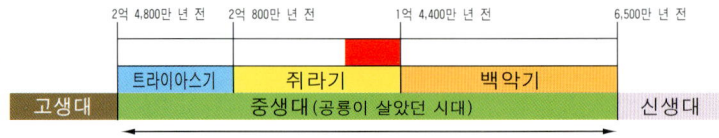

Unenlagia
우넨라기아

학명의 뜻 절반은 새 | 서식연대 백악기 후기
발굴지 아르헨티나 | 식성 육식 | 몸길이 2~3m

새와 많이 닮은 독특한 공룡이에요. **앞다리가 날개 형태로 되어 있지만** 우넨라기아의 작은 날개에 비해 몸집이 너무 커서 날 수 없어요. 이들의 골반 골격이 시조새와 아주 유사한 것으로 보아 진화하면서 **비행 능력을 잃은 것이라고 추측**해요.

Wuerhosaurus
우에르호사우루스

학명의 뜻 우에르호의 도마뱀 | 서식연대 백악기 전기
발굴지 중국 | 식성 초식 | 몸길이 6~8m

둥근 부채 모양의 골판을 가진 이 공룡은 최후의 스테고사우루스 류 중 하나예요.
등에는 특징적인 둥근 부채 모양의 골판들이 두 줄로 나 있고, **꼬리 끝에 뾰족하고 긴 골침**이 달려 있어요. 화석은 몇 개의 뼈와 골판만이 발견되었대요.

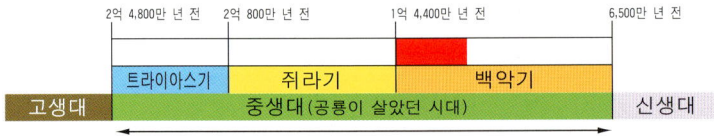

Eudimorphodon
유디모르포돈

학명의 뜻 진짜 두 가지 모양의 이빨 | 서식연대 트라이아스기 후기
발굴지 유럽 | 식성 물고기 | 몸길이 75cm

꼬리가 매우 긴 유디모르포돈은 **초기의 익룡** 중 하나로 물고기를 잡아먹고 살았어요.
긴 부리에는 커다란 이빨들이 나 있어요. **앞쪽에는 원뿔 모양의 뾰족하고 커다란 이빨, 안쪽에는 작은 이빨**로 이름의 뜻처럼 두 가지 모양의 이빨을 가졌답니다.
이 익룡들은 비행하며 방향을 잡을 때 꼬리 끝의 돌기를 사용했을 거예요.

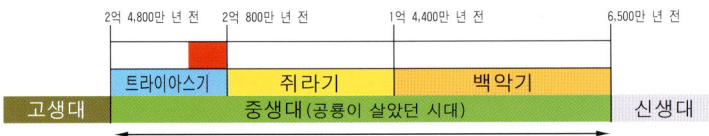

하늘을 누비는 익룡

프테로사우리아(Pterosauria)란 '하늘을 나는 파충류(날개 달린 도마뱀)'라는 뜻의 익룡을 일컫는 말이에요. 큰 덩치라도 뼛속이 빨대처럼 비어 있는데다가 골질 속 공기주머니가 몸을 가볍게 만들기 때문에 날아다닐 수가 있었어요.

현재까지 발견된 익룡의 종류는 100여 가지나 되지만 크게 보아 트라이아스기 초기에 등장하여 쥐라기에 번성하였던 람포링쿠스 류와 쥐라기 말기에 등장하여 백악기에 번성하였던 프테로닥틸루스 류로 나누고 있어요.

람포링쿠스 류는 '좁은 부리 종류'로 분류하는데 부리에는 이빨이 있고 골격이 가늘어요. 목과 앞다리의 발목뼈는 짧고 꼬리가 긴 것이 특징이에요. 작은 몸집에 비해 머리가 커서 균형을 맞추기 위해 꼬리가 길어졌어요. 꼬리 끝의 수직 날개는 비행할 때 방향을 잡아 주는 역할을 했어요.

프테로닥틸루스 류는 '날개 발가락 종류'로 분류하는데 람포링쿠스 류의 후손, 혹은 보다 진화된 형태의 무리로 알려져 있어요. 날개에 발톱이 있고 길쭉한 머리와 목, 짧은 꼬리를 가졌으며 람포링쿠스 류보다 몸집이 큰 편이예요. 머리에 뼈로 된 볏이 있는 것이 특징이에요.

'고대의 날개'라는 뜻의 이름을 가진 시조새(아르케옵테릭스Archaeopteryx)도 깃털 흔적이 발견되었는데 깃털을 제외하고 나면 작은 공룡인 콤프소그나투스의 특징을 모두 갖추었다고 해요. 허리의 골격이 조류의 골격과 같았으며 먹이를 붙잡을 수 있을 정도로 발가락이 길었어요. 아마도 먹이를 뒤쫓아 달리는 동작에서 나는 법을 익혔을 것이라고 하는 주장도 있답니다.

익룡은 박쥐의 모습과도 많이 닮았는데 특히 날개 표면이 피부막으로 되어 있다는 것은 박쥐나 익룡이나 공통된 특징이에요. 단, 박쥐는 엄지손가락을 제외한 나머지 손가락 모두 날개막에 연결되어 지탱하고 있는데 비해 익룡은 네 번째 손가락만이 날개막에 연결되어 있어요. 목과 팔 사이에는 보조막도 있어 활공과 착륙할 때 낙하산 역할을 대신했대요. 활공은 글라이더처럼 바람을 이용하였으며 착륙할 때는 날개를 V자 모양으로 접어서 속도를 줄일 줄도 알았답니다.

세계 최대의 익룡 발자국은 우리나라 전남 해남군 우항리에서 발견된 해남이크누스의 발자국이에요. 앞발자국 길이가 330mm, 폭이 110mm이고, 뒷발자국 길이가 350mm, 폭이 105mm예요. 최근에는 경북 군위군에서 앞발자국의 길이가 330mm, 폭 110mm, 뒷발자국 길이가 350mm, 폭 105mm의 익룡 발자국으로 보이는 화석이 발견되었다고 합니다.

Irritator
이리타토르

학명의 뜻 짜증나는 것 | 서식연대 백악기 전기
발굴지 브라질 | 식성 육식 | 몸길이 7~8m

머리의 형태가 익룡과 많이 닮은 이리타토르는
물고기를 잡아먹었어요.
이리타토르가 발견되었을 때 주둥이 부분이 온전하지 않아서 이를 발견한 사람들이 멋대로 주둥이 부분을 만들었대요. 나중에 과학자들이 이를 보고 짜증을 내서 이름이 '짜증나는 것'이 되어 버렸어요.

친사키앙고사우루스
Chinshakiangosaurus

학명의 뜻 친사키안 도마뱀 | 서식연대 쥐라기 초기
발굴지 중국 | 식성 초식 | 몸길이 12m

친사키앙고사우루스는 **1975년에 중국에서 발견**되었어요.
몸집이 큰 용각류인데 어떤 특징을 가졌는지는 알려지지 않았어요. 부분적인 뼈조각만이 발견되었기 때문이에요.

Carnotaurus
카르노타우루스

학명의 뜻 고기를 먹는 황소 | 서식연대 백악기 후기
발굴지 남아메리카(아르헨티나) | 식성 육식 | 몸길이 6~8m

눈 위에 한 쌍의 뿔이 있는 생김새가 황소를 닮아
'고기를 먹는 황소'란 이름이 붙여졌어요.
앞발이 매우 짧은 것이 특징이에요.
머리는 다른 육식 공룡들에 비해 길이가 짧고
턱뼈가 약해서 날카로운 이빨이 있음에도 사냥은 잘하지
못했을 거예요. 대신 튼튼한 뒷다리로 힘차게 달릴 수
있답니다.

Carcharodontosaurus
카르카로돈토사우루스

학명의 뜻 상어 이빨 도마뱀 | 서식연대 백악기 전기
발굴지 북아프리카 | 식성 육식 | 몸길이 8~14m

한때 가장 긴 두개골을 가진 것으로 잘못 알려졌어요. 커다란 턱에 난 톱니 모양의 긴 이빨들이 상어의 것과 닮았다고 해서 '상어 이빨 도마뱀'이라 불려요. 처음 발견된 골격이 제2차 세계대전 때 파괴되었지만 다행히 이후 북아프리카에서 다시 발견되었답니다.

Cetiosaurus
케티오사우루스

학명의 뜻 고래 도마뱀 | 서식연대 쥐라기 중기~후기
발굴지 영국(와이트 섬), 모로코 | 식성 초식 | 몸길이 15 ~ 16 m

최초로 발견된 용각류인 케티오사우루스는 특이하게도 이름의 뜻이 '고래 도마뱀'이에요. 이 공룡이 발견됐을 때는 수중 생물이라고 생각했기 때문이래요. 뼛속이 비어 있지 않아서 무게가 24톤이나 돼요. 다른 용각류에 비해 꼬리가 짧아요.

Criorhynchus
크리오린쿠스

학명의 뜻 산양의 주둥이 | 서식연대 백악기 중기
발굴지 영국 | 식성 물고기 | 몸길이 5m

큰 날개를 가진 크리오린쿠스는
해안에 사는 익룡이에요. 몸이 아주 가벼워서
하늘을 날아다니며 물고기를 잡아먹었어요.
큰 입에는 날카로운 이가 가득 나 있어서
사냥하기에 아주 좋아요.

Cryptoclidus
크립토클리두스

학명의 뜻 숨겨진 목뼈 | 서식연대 쥐라기 중기
발굴지 유럽 | 식성 육식 | 몸길이 4~8m

크립토클리두스는 **목이 긴 해양 사냥꾼**이에요. 30개 가량의 목뼈로 이루어진 긴 목에 달린 작은 머리는 사냥할 때 아주 유리해요. 먹잇감에 가까이 다가가도 긴 목 덕분에 큰 몸이 잘 들키지 않거든요. **길고 날카로운 100여 개의 이빨**은 물고기와 오징어 등을 잡아먹을 때 사용되었어요.

Clidastes
클리다스테스

학명의 뜻 클리스의 열쇠 | 서식연대 백악기 후기
발굴지 북아메리카 | 식성 육식 | 몸길이 2~4m

머리가 크고 목이 짧은 클리다스테스는
다양한 바다생물을 잡아먹는 포식자예요.
커다란 입에 난 날카로운 이빨에는 작은 어룡까지도
모두 잡아먹히고 말아요. 그러나 주로 어류와 오늘날의
꼴뚜기 같은 해양생물을 먹었을 거예요.
몸과 꼬리는 길고 날씬해요.

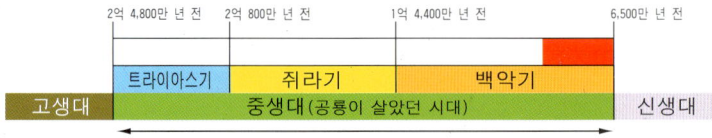

타르보사우루스
Tarbosaurus

학명의 뜻 놀라게 하는 도마뱀 | 서식연대 백악기 후기
발굴지 아시아 | 식성 육식 | 몸길이 10~12m

아시아의 제왕 타르보사우루스는 **아시아 최대의 육식 공룡**이에요. 티라노사우루스와 닮은 부분이 많아서 아시아의 티라노사우루스 렉스라고도 불려요. 가늘고 긴 주둥이에는 15cm가 넘는 커다란 이빨들이 나 있답니다. 몸집에 맞지 않게 앞다리가 너무 짧아서 균형에 문제가 있을 수도 있대요.

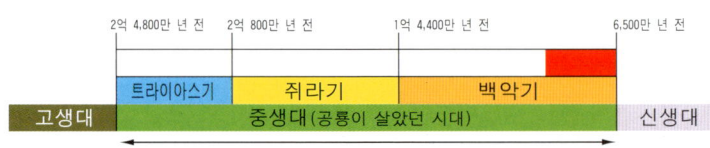

테레스트리수쿠스
Terrestrisuchus

학명의 뜻 경고하는 도마뱀 | 서식연대 트라이아스기 후기
발굴지 유럽(영국) | 식성 육식 | 몸길이 50cm

초기 악어류로 네 발로 걷기도 하고, 긴 뒷다리로 서서 두 발로 걷기도 했어요. 머리는 폭이 좁고 길쭉해요. 긴 턱으로는 작은 생물이나 곤충을 잡아먹었어요. 머리뼈와 앞다리뼈가 악어와 같은 특징을 보여주고 있어요.

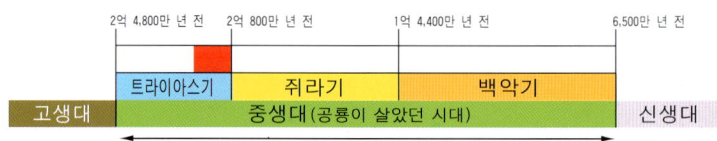

Temnodontosaurus
템노돈토사우루스

학명의 뜻 절단기 이빨 도마뱀 | 서식연대 쥐라기 전기
발굴지 유럽 | 식성 육식 | 몸길이 9m

템노돈토사우루스는 가늘고 긴 주둥이를 가진 바다생물로 무려 **25cm의 매우 큰 눈**을 가졌어요.
커다란 눈은 어두운 바다 속에서도 먹이를 잘 찾아요.
잠수도 아주 잘해서 해저 600m 깊이까지 들어갈 수 있었고, 20분 동안이나 잠수할 수 있었대요.

Pareiasaurus
파레이아사우루스

학명의 뜻 파레이아사우르 속에서 가져옴 | 서식연대 고생대 (페름기 후기)
발굴지 남아프리카, 러시아 | 식성 초식 | 몸길이 2.5~3m

초기 파충류 중에서 가장 거대한 동물 중 하나예요. 큰 몸을 지탱하기 위한 굵은 4개의 다리를 가졌는데, 앞다리가 뒷다리보다 조금 더 길어요. 초식 공룡의 특징인 나뭇잎 같은 이빨을 가졌는데, 입천장에도 나 있는 이빨이 식물을 갈아먹기에 매우 유용했겠죠? 두개골에 있는 돌기는 머리를 보호해 주는 방어수단이랍니다.

Pachyrhinosaurus
파키리노사우루스

학명의 뜻 두꺼운 코 도마뱀 | 서식연대 백악기 후기
발굴지 북아메리카 | 식성 초식 | 몸길이 5.5~7m

이 공룡은 **코에 뿔이 없는 케라톱스과**예요.
커다란 프릴에는 한 쌍의 기다란 뿔이 바깥쪽으로 휘어져
있어요. **프릴의 모양과 크기가 다양**한 것이
특징이에요.
이들은 서로를 보호하기 위해 무리지어서
어린 새끼들을 돌보며 생활했답니다.

Pachypleurosaurus
파키플레우로사우루스

학명의 뜻 두꺼운 갈비뼈 도마뱀 | 서식연대 트라이아스기 중기
발굴지 유럽(이탈리아, 스위스) | 식성 물고기 | 몸길이 60cm~2.5m

머리가 아주 작아서 바위 틈에 숨은 물고기들도 쏙쏙 찾아내는 예리한 바다 사냥꾼이에요. 모습은 마치 날씬한 도마뱀 같아요.
지느러미 같은 발은 육지에 올라갈 때에 사용돼요.
물개가 육지에서 이동하는 모습과 비슷했을 거예요.

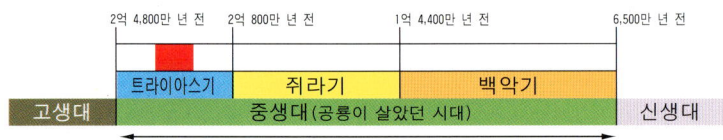

Pawpawsaurus
파파사우루스

학명의 뜻 파파(Paw Paw)층의 도마뱀 | 서식연대 백악기 전기
발굴지 미국 | 식성 초식 | 몸길이 5~6m

파파사우루스는 **우리나라 고생물학자인 이융남 박사가 이름을 붙였어요.**
원시적인 형태로 입천장 뼈가 발달하지 못해서 호흡이 불안정했어요. 특이하게도 눈꺼풀 뼈를 가지고 있었는데, 크기가 작아서 눈을 완전히 보호하지는 못해요. 화석이 발견된 곳이 대부분 바다와 접한 석호 퇴적층인 것을 보면 물가에서 살았을 거예요.

Proceratosaurus
프로케라토사우루스

학명의 뜻 케라토사우루스 이전의 | 서식연대 쥐라기 중기
발굴지 영국 | 식성 육식 | 몸길이 5m

프로케라토사우루스는 주둥이 위에 작은 볏 때문에 케라토사우루스의 선조로 잘못 알려져 있었어요. 현재는 서로 다른 종으로 밝혀졌어요.
두개골의 폭이 매우 좁아서 **주둥이 앞쪽과 뒤쪽의 이빨 모양이 서로 달라요.**

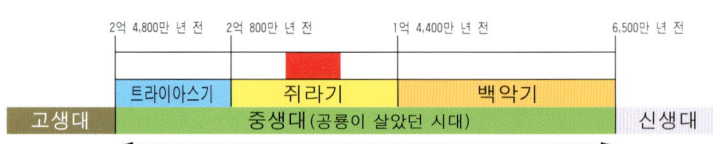

Protosuchus
프로토수쿠스

학명의 뜻 첫 번째 악어 | 서식연대 트라이아스기 후기~쥐라기 전기
발굴지 아시아, 아메리카, 아프리카, 오세아니아 | 식성 육식 | 몸길이 1m

최초의 육상 악어류 중의 하나로 **악어의 조상**이에요.
이들은 **튼튼한 뒷다리로 두 발로 설 수 있었어요.** 아래턱의 커다란 송곳니는 입을 다물면 윗턱의 구멍에 끼워지는데, 마치 자물쇠 같아서 어떤 먹이도 다시 빠져나올 수가 없답니다.

Pterodaustro
프테로다우스트로

학명의 뜻 남쪽의 날개 | 서식연대 백악기 전기
발굴지 아르헨티나 | 식성 잡식 | 몸길이 1.3m

활처럼 위를 향해 구부러진 특이한 부리를 가진 프테로다우스트로예요. 이 익룡의 가장 큰 특징은 바로 **가늘고 뾰족한 이빨**이랍니다. 바늘 같기도 한 이빨들이 구부러진 부리에 빗 모양으로 줄지어 나 있는데, 그 **개수가 무려 1000개**나 된다고 해요. 촘촘하게 나 있는 이빨은 작은 플랑크톤을 걸러내기에 아주 좋겠지요?

Pterodactylus
프테로닥틸루스

학명의 뜻 날개 손가락 | 서식연대 쥐라기 후기
발굴지 유럽 | 식성 물고기 | 몸길이 1~1.5m

펠리컨과 같이 **목 부분에 주머니가 있어서 이곳에 먹이를 저장**했어요. 긴 목과 머리를 가졌고, 꼬리는 짧은 것이 특징이에요.
하늘을 날다 물고기를 발견하면 물로 빠르게 내려가 먹이를 낚아챘답니다. 이 커다란 익룡의 새끼는 겨우 참새만하다고 해요.

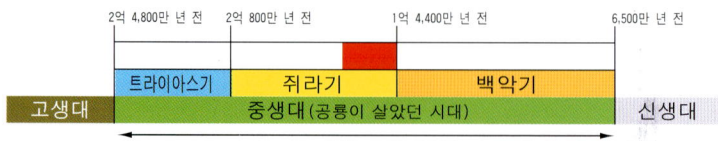

Plotosaurus
플로토사우루스

학명의 뜻 미끄러운 도마뱀 | 서식연대 백악기 후기
발굴지 미국 | 식성 육식 | 몸길이 9~13m

이름처럼 미끄러운 몸을 가졌어요. **지느러미는 마치 노와 같은 형태**를 하고 있답니다. 미끄러운 몸과 노 역할을 하는 지느러미로 빠르게 헤엄칠 수 있어요. 몸집이 거대하지만 **암모나이트 같은 먹이를 먹었어요.**

Pistosaurus
피스토사우루스

학명의 뜻 액체와 같은 도마뱀 | 서식연대 트라이아스기 중기
발굴지 유럽 | 식성 육식 | 몸길이 2.5~3m

유럽에 살았던 이 바다파충류는
지느러미처럼 생긴 다리를 가졌어요.
지느러미 같은 발을 이용해 헤엄쳤을 거예요.
노토사우루스 류와 수장룡의 특징을 모두 가졌지요.
몸통은 타원형으로 **표면이 매끈하고
등뼈가 뻣뻣해요.**

Herrerasaurus
헤레라사우루스

학명의 뜻 헤레라의 도마뱀 | 서식연대 트라이아스기
발굴지 남아메리카 | 식성 육식 | 몸길이 3~6m

헤레라사우루스는 공룡이 지구를 정복하기 이전인
파충류가 많이 살던 시기에 산
초기의 공룡이에요. 튼튼한 넓적다리의 긴 발은
이들이 민첩하게 움직일 수 있게 했어요.
날카로운 이빨과 발톱은 헤레라사우루스가
육식 공룡임을 보여주는 큰 특징이에요. 그러나 이들이
용각류일 것이라고 주장하는 학자들도 있다고 해요.

Homalocephale
호말로케팔레

학명의 뜻 평평한 머리 | 서식연대 백악기 후기
발굴지 몽골 | 식성 초식 | 몸길이 1.5~3m

이 공룡의 특징인 **평평한 머리에는 뼈돌기가 둘러져 있어요.** 또한 두개골에 작은 구멍들이 있답니다. 박치기 공룡으로 알려져 있지만 이렇게 구멍이 있는 머리로 박치기를 하는 것은 어려울 것 같아요. 그래서 실제로는 이들이 박치기를 하지 않았을 거라고 보기도 해요. **나뭇잎처럼 생긴 이빨**로 식물과 열매를 먹고 살았어요.

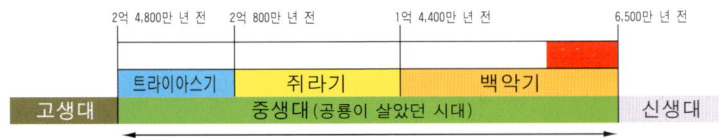

Hovasaurus
호바사우루스

학명의 뜻 호바 도마뱀 | 서식연대 고생대 (페름기 후기)
발굴지 아프리카 | 식성 잡식 | 몸길이 50cm

길고 두터운 지느러미 같은 꼬리가 특징인 원시파충류예요. 꼬리는 매우 길어서 몸통의 길이와 비슷해요. **네 개의 다리로 육지 생활도 가능**했어요. 호바사우루스의 화석 대부분은 위에서 자갈들이 나왔는데, 물에 가라앉기 위해서 돌을 삼켰던 것 같아요.

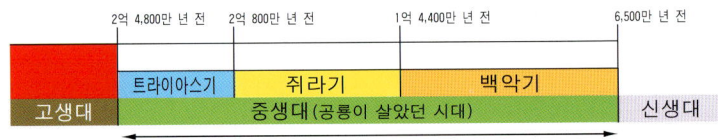

Hylaeosaurus
힐라에오사우루스

학명의 뜻 수풀 도마뱀 | 서식연대 백악기 전기
발굴지 영국 | 식성 초식 | 몸길이 3~6m

갑옷 공룡인 이 공룡은 **몸의 앞부분만 발견**되었어요. 다른 갑옷 공룡들처럼 등이 골판으로 덮여 있고 옆구리에는 길고 단단한 뿔이 솟아 있어 적으로부터 몸을 보호할 수 있어요. 배 부분에는 골판이 없기 때문에 **적이 공격해오면 땅으로 몸을 밀착**시켰어요.

Hylonomus
힐로노무스

학명의 뜻 숲 속 생물 | 서식연대 고생대 (석탄기 후기)
발굴지 캐나다 | 식성 육식 | 몸길이 20~30cm

양서류에서 진화한 초기 파충류예요.
알이 단단하고 공기 중에 마르지 않기 때문에
육지에 알을 낳았어요. 이들은 특이하게도
**화석화된 나무 그루터기 속에서
발견**되었어요. 그루터기 속에 빠졌던 것 같아요.
겉모습은 오늘날의 도마뱀과 많이 닮았어요.

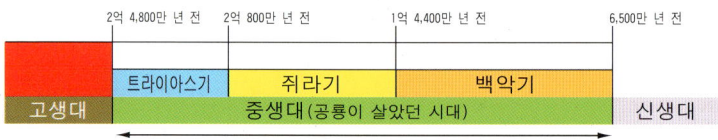

Hypsognathus
힙소그나투스

학명의 뜻 큰 턱 | 서식연대 트라이아스기 후기
발굴지 북아메리카 | 식성 초식 | 몸길이 33cm

힙소그나투스는 **몸이 넓적하고 머리 주위에는 뾰족한 돌기**가 있어요. 이 돌기로 적의 공격을 막아냈을 거예요. 몸이 바닥에 붙은 것 같은 웅크린 모양이어서 빨리 달리지는 못했을 거예요. *오늘날의 도마뱀과 닮았어요.* 이빨 모양을 보면 초식 동물인 것으로 생각돼요.

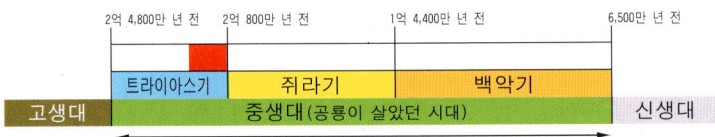

공룡은 어떻게 사라졌을까?

파충류는 변온동물(냉혈동물;주위의 온도에 따라 체온이 변화하는 동물)이에요. 그런데 파충류로 분류되는 공룡은 어떻게 항온동물(온혈동물;일정하게 몸의 온도를 유지시키는 동물)이라는 학설이 제기되었을까요?

공룡이 항온동물이라는 학설은 멸종설 가운데 '기온 저하설'에서 제기되었어요. 몸집이 클수록 기온의 저하에 더욱 민감할 수밖에 없거든요. 체온이 떨어질수록 열량을 내기 위해서는 많이 먹어야 하는데 지구의 기온이 저하되면서 먹을 것이 부족하게 되자 몸집이 큰 초식 공룡들이 점점 사라지고 또 그 공룡들을 잡아먹고 살았던 육식 공룡들도 서서히 멸종되어 갔다고 하는 주장이에요.

현대문명이 제아무리 첨단을 달리고 있다고는 해도 공룡이 멸종한 이유를 정확히 밝혀낸 과학자는 아직 없답니다. 혹시 우리 인간들도 공룡들처럼 어느 날 갑자기 사라져 버리게 되는 순간이 오지는 않을지……

이제까지 제기된 멸종설만 해도 여러 가지가 있지만 어느 것도 정답이라고는 할 수 없어요. '운석 충돌설'이 가장 많이 알려진 학설이지만 공룡이 갑자기 멸종했다고는 해도 어느 날 갑자기 완전히 사라진 것은 아니랍니다. 운석이 지구에 떨어지기 전부터 이미 많은 수가 줄어들고 있었던 거예요. 달리 말하면 점차 생태계의 균형이 깨어지면서 멸종이 서서히 시작되고 있었다는 것이죠.

그밖에도 '해수면 저하설', '화산 활동설', '종의 노화설', '일킬로이드 중독설', '2600만 년 주기설', '태양계의 섭동설', '행성 X설' 등등 이론은 저마다 독특하지만 대부분 증명할 수 있는 증거가 없거나 검증이 불가능하기 때문에 아직까지도 정답을 찾아낼 수는 없답니다.

공룡박물관으로 GoGo~!!

우리나라에서 공룡화석이 발견되면서 공룡에 대한 관심이 날로 높아지고 있어요. 진짜 공룡이 보고 싶다면 공룡박물관을 찾아가 보세요. 우리나라에도 공룡박물관이 많이 생겨서 공룡들을 쉽게 볼 수 있게 됐어요. 실물 크기 공룡 모형과 화석을 감상하고 체험해 본다면 공룡에 대해 더 잘 알게 되고 가깝게 느끼게 될 거예요.

서대문자연사박물관 http://namu.sdm.go.kr/
서울시 서대문구 박물관길 25 (02-330-8899)

서대문자연사박물관은 국내 최초로 공공기관이 설립한 시설이에요. 전시물을 역사적인 흐름에 맞추어 시간적, 공간적 순서에 따라 입체적인 디오라마 형식으로 전시하여 쉽고 재미있게 이해할 수 있게 하였어요.

창조자연사박물관 http://www.cjmuseum.net/
경기도 시흥시 신천동 184-1 (031-435-1009)

국내 최초 창조 중심의 박물관인 창조자연사박물관은 20여 종의 움직이는 공룡과 골격 공룡 및 다양한 화석과 광물, 표본 등을 전시하고 있어요. 체험프로그램과 교육프로그램도 준비되어 있어요.

계룡산자연사박물관 http://krnamu.or.kr/

충청남도 공주시 반포면 학봉리 511-1 (042-824-4055)

계룡산 국립공원 내에 위치하고 있는 계룡산자연사박물관은 국내 최대 규모와 최다의 소장품을 가지고 있어요. 다양한 주제별로 구성된 전시와 문화체험공간, 다양한 프로그램을 즐길 수 있어요.

양산동굴공룡박물관 http://www.yscave.com/

경남 양산시 동면사무소 옆 동굴 (055-382-0220)

양산동굴공룡박물관은 국내 최초로 지하 동굴 속에 설립한 동굴공룡박물관이에요. 평균 기온 15℃를 유지하는 동굴 속에서 세계 각국에서 수집한 진귀한 화석과 원석, 공룡 골격 등을 만날 수 있어요.

고성공룡박물관 http://museum.goseong.go.kr/

경남 고성군 하이면 덕명리 85 (055-832-9021)

고성은 우리나라 최초로 공룡발자국이 발견된 곳으로 약 5천 여 점의 공룡발자국 화석이 발견되었어요. 이곳에 세워진 고성 공룡박물관은 국내 최초의 공룡전문박물관으로 공룡 진품 7점, 복제 37점, 일반화석 108점, 모형공룡 17점으로 총 169점의 화석이 전시되어 있어요.

방원공룡박물관 http://www.공룡박물관.kr/
전남 순천시 별량면 대곡리 742-1 (061-742-4590)

방원 공룡박물관은 우리나라 최초로 민간인 부부가 설립한 곳으로 세계 각국에서 수집한 화석이 전시되어 있고, 다양한 놀이와 체험을 할 수 있는 현장 체험 학습(예약제)이 준비되어 있어요.

목포자연사박물관 http://museum.mokpo.go.kr/
전남 목포시 남농로 135 (061-274-3655)

목포자연사박물관에는 세계에서 단 2점만이 발굴 복원된 프레노케팝토스와 콘코랩터의 화석과 해양파충류 뱃속에 새끼가 함께 보존된 희귀한 표본이 전시되어 있어요. 또한 입체 영상과 특수효과가 결합된 4D 입체 영상을 유료로 상영하고 있어요.

해남(우항리)공룡박물관 http://uhangridinopia.haeman.go.kr/
전남 해남군 황산면 우항리 191 (061-532-7225)

해남은 천연기념물 제394호 해남 우항리 익룡 발자국 화선산지가 있어요. 해남공룡박물관에는 아시아에서 최초로 공개되는 알로사우루스 진품 화석과 세계에서 세 번째로 전시되는 조바리아, 티라노사우루스 스탄과 MOR555 등이 전시되어 있어요.

제주공룡랜드 http://www.jdpark.co.kr/
제주시 애월읍 광령리 2677-1 (064-746-3060)

제주공룡랜드는 230여 마리의 공룡들이 전시되어 있는 가족공원이에요. 과학적 고증을 통해 복원된 높이 28m의 브라키오사우루스를 만날 수 있으며, 또한 다양하게 준비된 프로그램을 통해 교육과 체험을 할 수 있어요.

찾아보기

가루디미무스	14	미크로케라투스	74	친사키앙고사우루스	138
고르고사우루스	16	민미	76	카르노타우루스	140
고요케팔레	18	바가케라톱스	78	카르카로돈토사우루스	142
기간토랍토르	20	바라파사우루스	80	케티오사우루스	144
		밤비랍토르	82	크리오린쿠스	146
나노티라누스	22	브라킬로포사우루스	84	크립토클리두스	148
네오베나토르	24			클리다스테스	150
노아사우루스	26	사우로르니토이데스	86		
노토사우루스	28	세리지오사우루스	88	타르보사우루스	152
노트로니쿠스	30	소르데스	90	테레스트리수쿠스	154
		수코미무스	92	템노돈토사우루스	156
데스마토수쿠스	32	시노르니토사우루스	94		
드로마에오사우루스	34	시노사우롭테릭스	96	파레이아사우루스	158
드리오사우루스	36	시아모티라누스	98	파키리노사우루스	160
디모르포돈	38	시아오사우루스	100	파키플레우로사우루스	162
딜롱	40			파파사우루스	164
		아누로그나투스	102	프로케라토사우루스	166
라리오사우루스	42	아파토사우루스	104	프로토수쿠스	168
라엘리나사우라	44	아프로베나토르	106	프테로다우스트로	170
레바키사우루스	46	안항구에라	108	프테로닥틸루스	172
레소토사우루스	48	알라모사우루스	110	플로토사우루스	174
롱기스쿠아마	50	알라샤사우루스	112	피스토사우루스	176
리리엔스터누스	52	알렉트로사우루스	114		
리오플레우로돈	58	알리오라무스	116	헤레라사우루스	178
리코리누스	60	알베르토사우루스	118	호말로케팔레	180
		에를리코사우루스	120	호바사우루스	182
마라수쿠스	62	에리트로수쿠스	122	힐라에오사우루스	184
메이올라니아	64	에우헬로푸스	124	힐로노무스	186
메트리아칸토사우루스	66	우넨라기아	126	힙소그나투스	188
메트리오린쿠스	68	우에르호사우루스	128		
멜라노로사우루스	70	유디모르포돈	130		
무타부라사우루스	72	이리타토르	136		

찾아보기

Afrovenator	106	Garudimimus	14	Nothronychus	30
Alamosaurus	110	Gigantoraptor	20	Notosaurus	28
Albertosaurus	118	Gorgosaurus	16		
Alectrosaurus	110	Goyocephale	18	Pachypleurosaurus	162
Alioramus	112			Pachyrhinosaurus	160
Alxasaurus	110	Herrerasaurus	178	Pareiasaurus	158
Anhanguera	108	Homalocephale	180	Pawpawsaurus	164
Anurognathus	102	Hovasaurus	182	Pistosaurus	176
Apatosaurus	104	Hylaeosaurus	184	Plotosaurus	174
		Hylonomus	186	Proceratosaurus	166
Bagaceratops	78	Hypsognathus	188	Protosuchus	168
Bambiraptor	82			Pterodactylus	172
Barapasaurus	80	Irritator	136	Pterodaustro	170
Brachylophosaurus	84				
		Lariosaurus	42	Rebbachisaurus	66
Carcharodontosaurus	142	Leaellynasaura	44		
Carnotaurus	140	Lesothosaurus	46	Saurornithoides	86
Ceresiosaurus	88	Liliensternus	50	Siamotyrannus	98
Cetiosaurus	144	Liopleurodon	52	Sinornithosaurus	94
Chinshakiangosaurus	138	Longisquama	48	Sinosauropteryx	96
Clidastes	150	Lycorhinus	58	Sordes	90
Criorhynchus	146			Suchomimus	92
Cryptoclidus	148	Marasuchus	60		
		Meiolania	62	Tarbosaurus	152
Desmatosuchus	32	Melanorosaurus	70	Temnodontosaurus	156
Dilong	40	Metriacanthosaurus	64	Terrestrisuchus	154
Dimorphodon	38	Metriorhynchus	68		
Dromaeosaurus	34	Microceratus	74	Unenlagia	124
Dryosaurus	36	Minmi	76	Wuerhosaurus	126
		Muttaburrasaurus	72	Xiaosaurus	100
Erlikosaurus	120				
Erythrosuchus	122	Nanotyrannus	22		
Eudimorphodon	132	Neovenator	24		
Euhelopus	134	Noasaurus	26